ການພັດທະນາແບບຍືບຍົງ

ຂຽນໂດຍ: ໂຊເຟຍ ອິແອນ

ຮູບໂດຍ: ໄບ ແຊ

Library For All Ltd.

ການພັດທະນາແບບຍືນຍົງ

ຈັດພິມຄັ້ງທຳອິດໃນປີ 2019. ແປ ແລະ ຈັດພິມໃນ ສປປ ລາວ ປີ 2019.

ຈັດພິມໂດຍ: ອົງການ Library For All
ອີເມວ: info@libraryforall.org
URL: libraryforall.org

ປຶ້ມພາສາລາວເຫຼັ້ມນີ້ ຖືກສະໜັບສະໜູນໂດຍການຮ່ວມມືຂອງ

ຮູບແຕ້ມຕົ້ນສະບັບໂດຍ ໄນ ແຊ

ການພັດທະນາແບບຍືນຍົງ
ອີແອນ, ໂຊເຟຍ
ISBN: 978-9932-09-070-9
SKU00861

ການພັດທະນາ
ແບບຍືບຍົງ
ຄືຄຳເວົ້າທີ່ຊັບຊ້ອນ

ແຕ່ມັນບໍ່ແມ່ນສິ່ງທີ່
ຊັບຊ້ອນເກີນຄວາມ
ສາມາດໃນການລຽນຮູ້
ເຣັດ. ມັນໝາຍ
ຄວາມວ່າ...

ພວກເຮົາພຽງແຕ່ເອົາເທົ່າທີ່ພວກ
ເຮົາຕ້ອງການ.

ພວກເຮົາປະຫຍັດນ້ຳ.

ພວກເຮົາເກັບມ້ຽນຂີ້ເຫຍື້ອ.

ພວກເຮົານຳຖົງທີ່ໃຊ້ແລ້ວ ກັບມາໃຊ້ໃໝ່.

ພວກເຮົາພະຍາຍາມບໍ່ທຳລາຍ ທຳມະຊາດ.

ພວກເຮົາຍ່າງໄປໂຮງຮຽນ.

ພວກເຮົາສ້ອມແປງສິ່ງຕ່າງໆ
ແທນທີ່ຈະຊື້ສິ່ງໃໝ່ໆ.

ພວກເຮົາຈາກໂລກນີ້ໄປ ໂດຍທີ່ໂລກນີ້
ຕິກວ່າຕອນເຮົາພົບພໍ້ມັນ.

ການພັດທະນາແບບ
ຍືນຍົງ ໝາຍເຖິງ
ພວກເຮົາເບິ່ງແຍງ

ແລະ ເອົາໃຈໃສ່ ປະຈຸບັນ
ແລະ ອະນາຄົດ.

ຂໍ້ມູນທາງບັນນາບຸກົມຂອງຫໍສະໝຸດແຫ່ງຊາດ

ໂຊເຟຍ ອິແອນ

ການພັດທະນາແບບຍົບຍິ່ງ 2 / ໂດຍ ໂຊເຟຍ ອິແອນ. --
ວຽງຈັນ : ມັກອານ, 2020

25 ໜ້າ : ພາບປະກອບສີ ; 29 ຊມ
1.   ວັນນະກໍາສໍາລັບເດັກ
I.   ຊື່ເລື່ອງ

808.899282 -- dc21
    ISBN 978-9932-09-070-9
    ເລກທະບຽນພິມຈໍາໜ່າຍ: ຕາມທບ 153 ພຈ 23032020

ກ່ຽວກັບຜູ້ຂຽນ

ໂຊເຟຍ ອິແວນ ແມ່ນນັກຂຽນ, ຄູສອນໃນຊັ້ນປະຖົມ ແລະ ເປັນຄົນມີຄວາມປາຖະໜາຢ່າງແຮງກ້າ. ປະຈຸບັນນາງອາໃສຢູ່ອິດສະຕຣາລິ ກັບ ໝາໂຕໃຫຍ່ຂອງນາງ, ຊໍ້ ລິຮວຍ. ໂຊເຟຍ ຮັກໃນການຂຽນ ແລະ ອ່ານ, ແລະ ທວັງອ່າຈະ ຂຽນປື້ມຫຼາຍໆເຫຼັ້ມໃນອະນາຄົດ. ໃນເວລາທອ່າງນາງມັກແຕ້ມ ຮູບ, ທຍິບຜ້າ ແລະ ກໍ່ເຫຼັ້ມໃນສອນສາທາລະນະກັບ ລິຮວຍ. ໂຊເຟຍ ມັກເຮັດວຽກກັບ Library For All, ຍ້ອນອ່ານນາງ ມີ ຄວາມເຊື່ອໝັ້ນກັບທີ່ອ່ານກັບທຸກຄົນ, ບໍ່ວ່າພວກເຂົາຈະ ຢູ່ບ່ອນໃດກໍ່ຕາມ, ພວກເຂົາສົມຄວນໄດ້ອ່ານປື້ມທີ່ດີ.